Riccardo Fenizia

"Tu devi insegnare filosofia non religione"

IPSE DIXIT

UNA PICCOLISSIMA PARTE DEL BREVE SAGGIO É IN LINGUA INGLESE, ESTRATTO DA UN TESTO DELLO STESSO AUTORE

Sommario

Thoughts that I hope will be useful to everyone. Thoughts that came from my experience as student, coach, teacher, philosopher; from my military life amongst "Bersaglieri" as pilot and machine gunner, as martial arts practitioner, as a believer, as dialogue with friends of any belief even atheists. An invitation to reading

A beautiful chinese poem

I will begin with some Chinese lyrics

To Tan Chiu

My friend is lodging

high in the Eastern Range,

Dearly loving the beauty

of valleys and hills.

At green Spring

he lies in the empty woods,

And is still asleep when

the sun shines on high.

A pine-tree wind dusts

his sleeves and coat;

A pebbly stream cleans

his heart and ears.

I envy you,

who far from strife and talk

Are high-propped

on a pillow of blue cloud.

LI PO

Nowadays, humankind is stretched between conflicting forces. Time is full, but full of emptiness, even though it could be rich of things. Mutable sensations that wander, that pass. Globalization.

Fears and distresses tread through souls, being unaware of what is hanging over. This is 2017 and world seems much more united. Nevertheless, this seems like a union of juxtaposed civilizations, ethnicities and cultures, without the concept of a man-culture, of a culture for mankind.

Divisions and fights. Wars, conflicts, famine, nuclear risks.

How could we rest *"high-propped on a pillow of blue cloud"*, exactly like Li Po said, even though living in the VIII century, in a China that was being completely shattered by a brutal war where men died in millions?

Maybe...

Well, maybe I could provide some suggestions, drawn from the millenary experience of wise ancestors: brave, adventurous, deep women and men of wisdom united by the same desire and virtues. Virtues are good habits and operational capabilities that are needed to live and to feel alive, fulfilling ourselves to be also spiritual instead of only corporeal beings.

Soul's happiness abounds inside the body, from body to family, from family to society, up to the national and international community. Connections and inter-connections. Those which ancients and moderns call "Spiritual Communion", from unity to unity, *exitus* and *reditus*, reversion to origins, to the One, to God. In Him, we move and exist, but we are not Him: consciousness of creatural limit. Today an omnipotence complex traps us: a pride that destroys us, that limits communication and a frank dialogue. We will begin a wide but short road, few pages and rows that could become an opportunity of dialogue with you, the readers, by listening to your questions and answering your requests. Just send a short e-mail to *riccardofenizia@gmail.com*

Scopo: Chiarire la natura della filosofia rispetto alla religione. Fornire brevi esatte definizioni.

Come mai molti credono che si debba insegnare la filosofia senza la religione?

È possibile "fare filosofia senza religione"?

Risposta alla prima domanda.

La conoscenza non esiste come tale se non attraverso l'esercizio intellettuale di persone. Il linguaggio nasce da idee, maturate attraverso esperienze, che noi facciamo nella vita quotidiana. Anche leggere, studiare, compiere ricerche sperimentali è fare esperienza. Acquisire metodo di studio e di lavoro, organizzare idee in strutture articolate e complesse, mettere su carta pensieri e riflessioni, teoremi matematici, argomentazioni, dimostrazioni o esporre in prosa e poesia, immagini, sensazioni, sono esperienze.

Qual è il sapere dei saperi? Perché desideriamo conoscere? Come discernere una scienza dall'altra? Vi è un solo sapere o esistono tanti saperi? Cosa hanno essi in comune? Ecco, la donna e l'uomo contemporaneo hanno perso di vista alcuni elementi senza i quali non è possibile avere autentica cultura e civiltà. Tra questi elementi, uno è essenziale e tutti li accomuna: l'unità del sapere, che risiede nella evidente unità delle cose, di ciò che ha l'essere, di ogni cosa reale o immaginaria, comunque sia pensata. Il trascendentale uno: unum et ens convertuntur, dire 'ente' è dire 'uno' e dire 'uno' è dire 'ente'. Infatti, ogni ente non può che avere una sua unità, altrimenti sarebbe indistinguibile e inedintificabile e innominabile, insomma non sarebbe questa cosa o questo pensiero, in colui che lo pensa mentre adesso lo pensa. L'ente è uno, l'uno è ente, in quanto ente, cioè dal punto di vista per cui è. Ogni cosa che è ha una sua unità. Nulla sfugge a tale unità, che è anche bene e verità, ogni ente ha cioè gradi di bontà o appetibilità e di verità, cioè intelligibilità, pari al grado di essere posseduto. L'essere in sé, l'Essere, ha il massimo grado di unità, verità, bontà, poichè il Principio, l'uno, il Bene, Egli è l'Essere. Lo stesso Essere, Ipsum Esse Subsistens, da cui ogni ente deriva, Causa Incausata, Creatore, è non per partecipazione, come un tavolo, un albero, una nuvola, una supernova, cose tutte che hanno l'essere, sono pertanto enti, ma non sono l'Essere in sé. Un albero è questo albero, e anche se fosse un'idea di albero sarebbe questa idea di albero. Nell'albero, l'essere albero è nei limiti della sua essenza di albero e non di altra cosa o natura. L'essenza limita l'essere di un ente, che ha l'essere così e non in altro modo.

Oggi le persone usano poco l'intelligenza critica e ripetono spesso slogan, dicendo frasi prive di logica e coerenza con la realtà dei fatti: ripetono che Dio non esiste, senza definire "Dio", nè "esistere"; ripetono che "la religione è generatrice di violenza", senza definire "religione" nè "violenza", separano una conoscenza dall'altra, ingenuamente, credendo di essere "scientifici", senza definire "scienza". In realtà vige ovunque, come sopra ho dimostrato, l'unità dell'ente in quanto tale. Quindi più lo scienziato unisce i dati e i saperi, li collega e li raccorda, più è scientifico e coglie il senso e la struttura delle cose che studia. Ecco che chi insegna filosofia deve farlo, per procedere con rigore e correttezza, facendo in qualche modo tutte le scienze, ovviamente usando il suo metodo proprio, quello filosofico. Il legame tra le scienze è intrinseco e ineludibile, tanto più andando all'origine del sapere. Nel principio si indagano in premessa tutti i saperi, il sapere in sé stesso. Ridicolo sarebbe credere di poter separare ciò che è unito. Così la frase iniziale: tu devi fare filosofia non religione, manifesta un difetto che impedisce uno studio serio. Manifesta una credenza e un pregiudizio, autocontraddittorio, infatti è una frase "religiosa", contenente una falsa credenza fideistica in un sapere astratto che separa dogmaticamente ciò che è unito. Induce, infatti, ad un atteggiamento di chiusura e sfida tra i saperi, come se vi fosse una separazione e un conflitto tra filosofia e religione. Al contrario, spieghiamo meglio come e perché filosofia e religione sono inestricabilmente unite.

Risposta al secondo argomento: può la filosofia essere separata dalla religione?

Rispondere alla domanda sul rapporto tra la filosofia e la religione implica avere un concetto esatto su ciò che esse sono. Ebbene, la filosofia è amore della sapienza, etimologicamente, scienza generale, scienza delle cause prime e ultime e dei principi. Dialettica e dimostrazione sono applicazioni del sapere metafisico, parti di esso. Perciò alcuni grandi autori definiscono la filosofia con il termine metafisica, filosofia prima, scienza fondata o del fondamento, scienza delle scienze, e in effetti i primi filosofi erano anche i primi scienziati, come Pitagora, Talete, Aristotele, ma scienziati sono anche Pascal e tanti altri. La scienza, in Occidente, nasce dalla filosofia e con la filosofia. Lo stesso Galileo, padre della scienza moderna, si dice allievo di Aristotele, non dei passivi suoi ripetitori.

Ebbene, se la filosofia è scienza per eccellenza, non confondendola con la mera scienza sperimentale, moderno nome della scienza o delle scienze particolari, non può che nascere dalle domande centrali sull'essere, dalle domande sul perché l'essere piuttosto che il nulla. La filosofia indaga le cose che sono e che possono essere con il logos, la ragione, cercando risposte ai perchè, andando all'archè. La religione è la virtù relativa al rapporto della persona o dei gruppi sociali con il sacro, con il divino, con cui si cercano naturalmente legami. Ogni civiltà ha i suoi culti o riti o modi di manifestare la religiosità. Ecco che appare chiaro come storicamente e nella sostanza la domanda filosofica e la scienza filosofica è naturale quanto la religione, in quanto ne prosegue, come procedendo con lo spirito, legando ai sentimenti religiosi e alle credenze il supporto della ragione, la luce dell'intelletto, il logos. Quest'ultimo può meglio discernere ove la religiosità divenisse irrazionale o fanatica credenza. Non vi è alcuna contraddizione tra religione e filosofia, anzi vi è alleanza nel perfezionamento della persona e nella comprensione del mondo, dell'anima, di Dio, per quanto all'uomo è dato scrutare nel mistero dell'essere; mistero che risplende, quasi velato, nel mondo osservato e osservabile, pensato e pensabile. L'uomo pratica la filosofia e pertanto, essendo un essere per natura religioso, esercitando il logos, non smette di essere ciò che è nella sua integralità, che include la religiosità. Platone usa il mito per chiarire ciò cui il logos lo conduce, ma in cui il linguaggio non trova parole efficaci per esprimere veritá profonde. I filosofi sono anche teologi (filosofia di Dio), molte volte sono credenti e persone di fede, fede e ragione si aiutano senza confondersi. Religione, fede, teologia naturale, teologia rivelata, richiedono altri saggi esplicativi, come questo, essendo realtá definibili e complesse. Distinguere fede e ragione non significa separare, ma al contrario occorre unire per chiarire la funzione dell'una e dell'altra, a beneficio di entrambe e della persona, che ha una unità ineludibile. Filosofia e religione sono pertanto due realtà tali per cui non si può praticare una senza l'altra. Certamente, un filosofo può essere empio (empietá é il vizio contrario alla virtù di religione), ma un empio, negando la verità, non potrà essere amico della sapienza o della giustizia; anche la irreligiosità è una forma difettosa della religione, pertanto ha legame con essa. Chi afferma la sua verità contro la verità sta semplicemente assolutizzando arbitrariamente il proprio punto di vista. La menzogna è una mezza verità. Anche nella pratica filosofica, affinché vi sia autentica scienza filosofica occorre essere testimoni della verità, amare la verità, altrimenti si cade nel puro gioco dialettico verbale, vuoto e capriccioso, senza però nulla scoprire, nè concludere, nè dimostrare. Viaggiare nel sapere apparente non è scienza, piuttosto vi é filosofia non fondata, mera ideologia astratta, al più avremo una narrazione di opinioni. Mancherebbe il criterio, il senso, verrebbe meno il serio interrogarsi. La filosofia nasce dal meravigliarsi, dal domandarsi con serietà e umiltà. Se non interessa la verità allora non ci si domanda alcunché, si afferma il falso come vero se torna utile. Questa non è autentica filosofia. Altro è confondersi in un momento altro è mentire agli altri e a sé stessi con astuzie sillogistiche e falsi ragionamenti.

Il discorso può ben proseguire e verrà orientato, se chi legge lo desiderasse, in funzione delle domande che riceveró dai lettori.

Esortazione alla filosofia

Sulla crisi odierna, che è prodotta dal divario artificioso tra religione e filosofia. Mi auguro la nascita di autentici filosofi, che sappiano usare il logos nei suoi limiti, quindi aperti al mistero, per dare luce agli altri in società, nella politica e in ogni ambito, alla stregua dei grandi classici, uomini di fede e filosofi e scienziati.

Manca, oggi, il senso della realtà, manca il senso della vita. Manca la fede ragionevole che apre al mistero delle cose e di Dio, alla bellezza. Gli uomini vivono tristi e depressi, egoisticamente chiusi in sé stessi, alienati e spaventati. Manca la vera ecologia: una ecologia spirituale, la capacità di vivere in armonia con la natura, con l'ambiente, col mondo, con sé stessi, con Dio. Manca il senso della propria anima. Occorre sviluppare la capacità di vivere, di essere persone, non domani ma adesso e sempre. Una persona, consapevole di sé, si appaga, aprendosi alla speranza per sempre, Dio, nello sguardo di un bambino, in un panorama. La bellezza è il costante, permanente, invincibile richiamo dell'eterno. La nostalgia di infinito, quel ricordo ancestrale del paradiso perduto, che diventa viva presenza di Dio, uno e trino, vive sempre in noi e fuori di noi. L'Essere è eterna beatitudine, eterna presenza. Il vuoto e l'assenza che avvertono le donne e gli uomini oggi, come ieri, è assenza di Dio. Quella mancanza, quella privazione, di platonica memoria, che è bisogno e ricchezza al tempo stesso, come molla che ci proietta verso la nostra meta trascendente, il già e non ancora, va coltivata. La felicità che ciascuno può possedere, pur imperfetta, è sempre, ovunque e comunque, a nostra disposizione, se orientiamo il nostro volere verso l'Assoluto da cui proveniamo e in cui siamo, chiamati ad una relazione personale di amore, attraverso mille relazioni personali variegate, tra diecimila difficoltà, che potrebbero divenire semplici gradini nella scala di una crescita nella gioia costante. Gioia preclusa solo ai cattivi, a chi rifiuta il dono della vita. Noi rifiutiamo il male e scegliamo il bene, questa è l'unica vera scienza. La matematica, la biologia, la chimica, la fisica, la poesia, la letteratura, tutti i saperi, altro non sono che dono di Dio, Scienza unica assoluta, attraverso la eterna Sapienza del Verbo, giunta a noi in Cristo, morto e Risorto, e questa è storia. Ridi? Eppure comprendi che noi diciamo oggi, sono nel 2022 dopo Cristo. Poniti una domanda, genio. Si scherza. L'uomo contemporaneo, vuoto, triste, senza identità, sta dimenticando chi è e dove sia diretto. Smarrito in sé stesso, rincorre idiozie. Si perde in un bicchiere d'acqua. Guarda il bicchiere, osserva l'acqua, non crede sia possibile che l'acqua sia nel bicchiere, muore di sete, mai beve e piange per l'arsura. Il filosofo Giovanni Paolo II diceva: "Spalancate le porte a Cristo". Il bicchiere è la scienza metafisica dell'ente, che illumina i sapori particolari, l'acqua è divino elemento per noi predisposto, il senso delle cose e il sapore. Non frammenti ma unità. Perché ci sia unità occorre umiltà, che è verità. "Lo stolto dice in cuor suo: Dio non esiste". Lo stolto è infelice per la sua stessa volontaria ignoranza. La superbia di voler bastare a sé stessi è da sempre carattere luciferino, diabolica menzogna e stupidità. Già il pensare: io basto a me stesso, indica che non basto a me stesso, altrimenti non avrei bisogno di dirlo o di crederlo. Ben sappiamo che chi parla senza fatti, senza opere, coerenti con quanto si dice, costui mente, inganna gli altri e se stesso. Chi sa dimostra con fatti, senza doversi giustificare ad ogni passo. Care amiche e cari amici, Dio giustifica noi, non cerchiamo scuse, chiediamo perdono e amiamo. Miti e umili di cuore, fisici, matematici, filosofi, artisti, smettiamo di inventare bugie, mentendo a noi stessi e agli altri, separando le discipline con arroganza e presunzione, illudendoci di dominare tutto. La verità unisce, crea luce e armonia, non è rigida separazione, freddo calcolo, non è presuntuosa, non teme il confronto, non cerca con invidia di mettersi in mostra per schiacciare gli altri, al contrario serve e aiuta, supporta e sostiene.

Great men and women tell us

With ease we can probe our nature. Plenty of women and men of wisdom, sages, saints, had paved the way for us.

Just think of "Thoughts to Myself" by roman emperor Marco Aurelio, beforehand "Phaedo" by Plato or even the more simple "Criton", "Confessions" by St. Augustin. Wise men of every country and nation: Black Elk's books (a Sioux Lakota native American), Hagakure, thoughts of ancient great Samurais and lords of traditional Japan, poems and ancient chines and indian texts, even the same Christ Resurrected provides us through His Gospel and

His own life a clear and luminous path, even though this seems harsh and tough.

Here. I investigated human nature. I just probed the deep ends of the mistery that every person is. Person that is relating, that Boetio once defined as "individual substance of rational nature", better comprehensible if we say "spiritual". Mind, body, spirit, soul, life breath.

Man is unitary reality. Unity dwells in the soul that inform the body, vivifying it. And the body, animated by our spirit, acts and moves in a natural and complete way. When will directs passions, memory, affections towards the purpose or the good that our intelligence "sees", knows within the judgment of conscience.

I will briefly explain how:

"Subjective certainty of mind can be true or false according to objective reality of things. Truth is instead the correspondence of ideas of mind to the essence of known things, where said truth could be reached beyond our mutable opinions. We, men, look for truth, if possible, and try to avoid mistaking subjective certainty, that is a psychological state of subject, with truth. In fact, each one of us has had the experience of – often – being subjective sure of things that then turn out to be false. Thus, through our cognitive itinerary we

need prudence before giving our consent to what at first appears to be true without any basic evidence or a source, that is in its turn reliable thanks to an evidence of credibility.

Our mind should be awake, open, sincere and aware of reality. We are not made of pure intellect. Hence, we should somehow make sure that even our heart and our will, to what is feasible, would be right at least in the intent. With these premises we could go on with trust." (in Riccardo Fenizia, Gen(d)erAzione Nuova, pag.21)

In conclusion, to not drift too far away, it's clear that in order to be happy it's necessary that we set the real good according to our human nature as our purpose, overcoming the state of subjectivity and uncertainty, with effort, passion, study, thought, dodging the trap of pure instinctive animality that is unable of satisfying our immaterial and thoughtful nature, our spiritual nature.

Already tired of words…

Introduzione al concetto di scienza

Il concetto di scienza è stato declinato diversamente nel corso della storia. In modo particolare si distingue oggi il periodo antico da quello moderno ponendo quale fulcro la rivoluzione scientifica, che vede il modello galileiano e la scienza sperimentale quantitativa come inizio del metodo scientifico e della scienza stessa. Questo è oggetto di discussioni e interpretazioni storiografiche, note nell' ambito della storia delle scienze. Non intendo in questa sede esporre una interpretazione specifica, pro o contro, entrando nel dibattito tra scientismo, positivismo o altre concezioni di scienza, che vedono continuità tra Medioevo e modernità, assimilando il modello sperimentale come un capitolo o paragrafo nel discorso sulla scienza stessa.

La scienza è stata definita in modo mai contraddetto da colui che è ritenuto il padre della scienza in Occidente. Sapere scientifico è un sapere dimostrativo, con il quale sulla base di argomentazioni incontrovertibili si condividono verità sulle cose, sull'uomo, sul mondo, in tutto l'ambito dello scibile. Inoltre la scienza consente di distinguere il sapere necessario dal sapere contingente o accidentale, ciò che permane da ciò che è soggetto di cambiamenti o a cambiamenti. Vi è una scienza dei principi primi, valida in tutti i settori ove operano le scienze particolari con il metodo adeguato al punto di vista da cui viene osservato l'oggetto specifico.

La scienza e lo scienziato

Einstein sostiene che un giovane che intende dedicarsi alla scienza deve godere di grande libertà, vivere in un ambiente naturale, tranquillo. Solo in questo modo potrà sviluppare il giusto spirito, aperto, contemplativo, necessario allo scienziato, allo studioso serio, per poter avere idee vere, certe, creative e comunque utili. Il contatto con la natura e la sua divina armonia è fonte di ispirazione e modello. Condivido questo atteggiamento e questo approccio. Uno spirito scientifico è anche uno spirito contemplativo. La verità e la ricerca intellettuale più alta sono in qualche misura fini a se stesse. Una seria e vera ricerca intellettuale non può essere asservita a qualcosa che le sia inferiore. Nell' uomo ciò che di più elevato in dignità incontriamo è la sua intelligenza, che gli rende possibile essere in qualche modo tutte le cose, pensandole; La mente umana spazia nell'infinito, gode nel conoscere, nella scoperta, se lo spirito la orienta conformemente ad un retto volere. Nella circolarità tra intelletto e volontà, le due facoltà dell'anima, l'intelletto coglie il vero nelle cose e in sé, ma l'appetito razionale o volontà libera lo tiene orientato verso il suo fine proprio, il vero bene e il bene vero, che l'intelletto vede. Perciò uomini molto intelligenti possono degradare se stessi, se una cattiva volontà, falsa libertà, li porta a beni non adeguati e ingannevoli, rendendoli inidonei alla autentica scienza. Incontriamo allora uomini meschini, scienziati asserviti e schiavi di logiche altre dalla vera scienza, dalla nobile conoscenza.

Teoria, ipotesi, verità e certezza

Non è sempre facile distinguere tra verità e certezza, comprendere cosa sia una teoria e cosa invece una ipotesi. Una affermazione certa può essere falsa, nel caso in cui - pur essendo coerente nelle sue parti - è falsa quanto alla realtà cui si riferisce. Possiamo credere con certezza che siano vere notizie o ipotesi o teorie in realtà risultanti poi false. La certezza soggettiva non sempre coincide con la verità. Gli antichi dicevano correttamente che la verità si esprime nel giudizio intellettuale di conformità tra la cosa e la mente. Adeguazione o adeguamento della mente e dell'intelletto. Si esprime così un'importante elemento che fonda il discorso scientifico, ovvero il legame tra le affermazioni e i giudizi che l'uomo pronuncia e la realtà dei fatti, come stanno e come sono veramente le cose. Inoltre, opportunamente e con grande acume, gli antichi medioevali, veri spiriti scientifici, distinguevano tra verità per me, verità per ogni essere umano e verità in sé. Verità per me è la verità puramente soggettiva, potrebbe essere una mia fantasia o proiezione. La veritá per tutti noi, uomini, è una veritá scientifica, ovvero una verità dimostrabile, fondata nel reale e incontrovertibile per ogni essere dotato di ragione, connessa e fondata sui primi principi di ogni scienza. A questi principi primi, ricavati dal reale colti intuitivamente e infallibilmente nell'esperienza, tutte le scienze particolari e di settore sono sottomesse, pena il cadere in contraddizione, perdendo lo statuto di sapere scientifico in senso proprio. La verità per tutti noi viene distinta dalla verità in sé perché pur essendo per noi sempre vera, come una legge fisica, non è detto che in sé sia assoluta e necessaria; infatti, le regole delle cose, pur essendo certe e vere, hanno una loro contingenza e potrebbero essere diverse da come adesso sono, senza però che sia in nostro potere il cambiarle. La verità in sé, invece, è inesauribile e raggiungibile solo in parte da quella scienza che se ne occupa in senso proprio. Quest'ultima è alla base di ogni altra scienza, riguardando i primi principi di ogni cosa che è o è pensabile. Nome di essa è scienza dell'ente, a volte detta metafisica, filosofia prima o scienza della sostanza o scienza delle cose in quanto sono, in quanto hanno l'essere o possono averlo. Ogni scienza particolare non può non rispettare le regole e i principi della metafisica. Uno scienziato senza minime cognizioni metafisiche mancherebbe di quelle categorie logiche necessarie a realizzare il proprio lavoro in modo rigoroso. Infatti, i veri scienziati, non i divulgatori, hanno interesse e conoscenze filosofiche tali da rispettare i principi metafisici pur se non ne possedessero in maniera completa la teoria. Il sapere metafisico è metascientifico e metateorico, presupposto in ogni affermazione, anche quando fosse falsa, perciò è possibile discernere la credibilità di un discorso scientifico riconducendolo alle sue premesse metafisiche, non rispettando le quali cade inevitabilmente e in contraddizione, negando l'evidenza prima su cui non può non fondarsi. I primi principi sono tra loro sempre necessariamente interconnessi. La menzogna presuppone la verità mentre non è vero il contrario.

Provate e vedrete, altrimenti se necessitate di una guida troverete la dimostrazione in altri miei testi più direttamente metafisici.

Teologia, filosofia e scienza

Molti credono che la teologia non sia una scienza. Il motivo è che ignorano cosa sia una scienza, hanno una credenza scientifica, ovvero confondono a volte il proprio sapere particolare con il concetto di scienza in assoluto. Ogni scienza ha un metodo e un oggetto proprio. Per potersi parlare di scienza in senso appropriato occorre capire se il sapere in oggetto operi nei limiti del legittimo oggetto e metodo, che ne specifica l'ambito. In tal senso vi sono molte scienze. Tutte non possono non rispettare i principi sopra richiamati, che la metafisica sola tematizza e dimostra col suo metodo proprio.

Tutte le scienze operano all'interno del reale o a partire da esso. Per così dire hanno nell'oggetto una comunanza e condivisione iniziale e ad esso ritornano costantemente. Ma da quale punto di vista lo studiano? Ecco che, pur avendo lo stesso oggetto materiale, in base all'oggetto formale, o punto di vista su esso, cambia il metodo che ad esso si adatta. Due scienze possono osservare la stessa realtà ma da diversi punti di osservazione e pertanto con metodo diverso.

Ora possiamo comprendere come l'idea moderna di scienza intesa quale sapere sperimentale, quantitativo, misurabile, è assai riduttiva, se con essa intendiamo il concetto di scienza in se stessa considerata. Esso in realtà è non solo assai più ampio, ma è facile osservare che la stessa domanda su cosa sia la scienza non è una domanda oggetto di conoscenza sperimentale bensì genuinamente filosofica. Pertanto la scienza che definisce cosa sia la scienza è la filosofia, che a maggior ragione è scienza in senso proprio e originario. In tal senso gli antichi, assai più arguti dei moderni, definirono scienza anche la scienza teologica, distinguendone oggetto e metodo. La scienza teologica è la scienza che si occupa del problema se Dio esista oppure no, partendo dalla esperienza e dai fatti, dalle cose o dalle idee presenti nella mente umana. In effetti tutti i filosofi si interrogano su Dio, sul principio, sull'archè, sul perché ultimo, con risposte ora profonde e vere, ora superficiali e incomplete o errate, con dimostrazioni o con argomentazioni inconcludenti. Come ogni scienziato può errare o fare della buona scienza.

E la teologia rivelata? Spetta anche ad essa in senso proprio la dignità di scienza? Qui rinvio ad un mio ulteriore testo sul tema specifico, se il presente avrà successo. Proseguo invece con l'esame della scientificità della filosofia.

Ci interroghiamo se la filosofia sia scienza in senso proprio. La risposta in parte è stata già data. Infatti, la filosofia in senso proprio è scienza dei primi principi, è scienza della sostanza. A sua volta essa si suddivide nei vari ambiti secondo il punto di vista da cui osserva il reale. Se ne osserva aspetti legati al divenire come passaggio dalla potenza all'atto di una sostanza sensibile essa può intendersi come filosofia della natura. Se osserva il movimento delle idee e i legami logici tra esse potrebbe essere detta logica filosofica, se osserva il conoscere come astrazione del concetto dall'immagine sensibile tratta dalla esperienza allora potrebbe dirsi gnoseologia. Al di là dei nomi o termini con cui ci riferiamo alle varie scienze filosofiche particolari, possiamo dire che il carattere scientifico di esse sta nel fornire una luce che illumina il senso di quella realtà vista sotto quella specifica prospettiva, coordinando e consentendo accesso corretto a tutte le scienze empiriche o sperimentali più particolari. Queste ultime abbandonate a se stesse vagano nel disordine, nella caoticità, sconnesse tra loro e a volte preda di sviste o errori grossolani, producono quel grave danno che è la frammentazione del sapere. Inoltre a volte le scienze così erroneamente sconnesse si ergono le une contro le altre, ciascuna presumendo potere e sapere non concesso e non giustificabile. Ciò avviene, sia chiaro, per difetto degli scienziati in quanto uomini fallibili, non certo per difetto del reale o del sapere in quanto tale. Dico sempre nei dialoghi con persone frettolose o saccenti che la verità non scappa, essa è lì serena che ci aspetta e ci sorride. Non abbiate paura della verità nè della scienza, essa conduce alla fede. Oltre la scienza incontriamo la fede o una credibile rivelazione, che arricchisce senza negare la scienza, anzi. La stessa scienza peraltro procede attraverso la fiducia tra gli scienziati e tra gli uomini. Non tutti non sempre possono direttamente verificare ogni prova e ogni dimostrazione. Alcune verità scientifiche o formule vengono infine accettate sulla base di una credibile fiducia in colui o in coloro che hanno provato una certa argomentazione o dimostrazione, non sempre ripetibile e non da tutti. Insomma, vi incoraggio a studiare con mente aperta, scienza, fede, filosofia e fantascienza. Buon lavoro.

Alce Nero

Introduzione

La storia di uno sciamano

La storia di Alce Nero si intreccia inesorabilmente con la mia stessa vita. Black Elk, Nicholas Black Elk (1886-1950), è per me un grande amico e modello. Vi racconto perché.

Eravamo nel lontano 1993 ed io, per nascita napoletano, abitavo a Roccafranca, splendido piccolo paese, vicino Orzinuovi , in provincia di Brescia. Lavoravo, allora, presso l'Istituto ITCG *Grazio Cossali*, titolare di cattedra di italiano e storia. Per una serie di avventure dedicai un tempo alla lettura nella biblioteca, ben tenuta, dell'istituto.

In quel tempo, spesso, ricevevamo copie saggio omaggio di libri utilizzabili nel nostro lavoro, incoraggiando gli studenti alla lettura.

Tra i libri, proposti dagli editori, trovai un titolo che mi incuriosì assai: *Alce Nero parla,* scritto dall'antropologo John G. Neihardt. Da tempo ero appassionato di antropologia ed etnoantropologia. Fu un invito a nozze. Lessi avidamente il breve libro e lo reputai utile. Raccontava la storia, come se fosse vera, dello sciamano, vecchio stregone Sioux, come lo stesso avrebbe raccontato di persona al ricercatore che lo intervistava. Come se fosse vera. Infatti, scoprii in seguito che il libro era frutto di licenza poetica dell'antropologo, che - sostanzialmente - produsse un falso, sfruttando il personaggio intervistato per crearne un'immagine inautentica, quanto meno assai parziale e comunque manipolata.

Il libro mi illuminò in ogni caso, merito dell'antropologo pur nella falsificazione del dato storico, sulla nobiltà e grandezza d'animo dello sciamano e guerriero dei Sioux Oglala. Notai che le visioni, le aspirazioni del grande uomo erano tali da indicare quella che in termini cristiani viene vista come una naturale preparazione e predisposizione alla comprensione della vita e della fede, come Cristo la insegnò. Allora pensavo tra me e me e poi raccontai ad alcuni amici, dopo il 1993, la seguente riflessione: "la storia di questo stregone indiano è così avvincente e ricca di valori autentici che oso affermare che, se avesse conosciuto il messaggio cristiano, si sarebbe prontamente aperto alla grazia divina, aderendo alla fede cattolica. Cattolico vuol dire proprio universale. Che peccato che nessuno gli abbia parlato di Cristo". Così lessi anche il libro di Mary Sandoz, *Cavallo Pazzo*, parente di Alce Nero. E tanti altri, oltre quelli già letti in precedenza. Trascorsero alcuni anni, mi ritrovai ad insegnare filosofia nei licei a Napoli, avendo conseguito già nel concorso a cattedra, indetto nel 1990, diverse abilitazioni oltre alle cattedre, vinte in numero di due, tra le quali se ne poteva scegliere ovviamente una per volta, rinunciando alle altre, salvo a poter appunto chiedere il passaggio di cattedra se in possesso di titolo abilitante. Per farla breve, restai assai sorpreso, e mi sentii tradito dall'antropologo John G. Neihardt, poiché rispettare la verità della cultura e della storia, dei dati e dei documenti, è per me un requisito fondamentale di un lavoro di ricerca serio e autentico, allorchè un amico mi disse che era stato pubblicato un libro nel 1996 per Arnoldo Mondadori dal titolo: *Alce Nero, Missionario dei*

Lakota. Dissi al mio amico che forse aveva letto male il titolo, poiché il povero Alce Nero aveva terminato tristemente la sua esistenza da indiano, da pellerossa, affermando che il cerchio sacro si era spezzato, il popolo disperso, morta la speranza. Mi documentai però, per scrupolo, e scoprii, con stupore e gioia, ma anche con indignazione verso il menzognero antropologo, che davvero Alce Nero si era convertito, già nel 1904, al cattolicesimo e non solo….

Seguono alcune immagini

Eolo 8
John G. Neihardt
ALCE NERO PARLA
Adelphi
La Nuova Italia

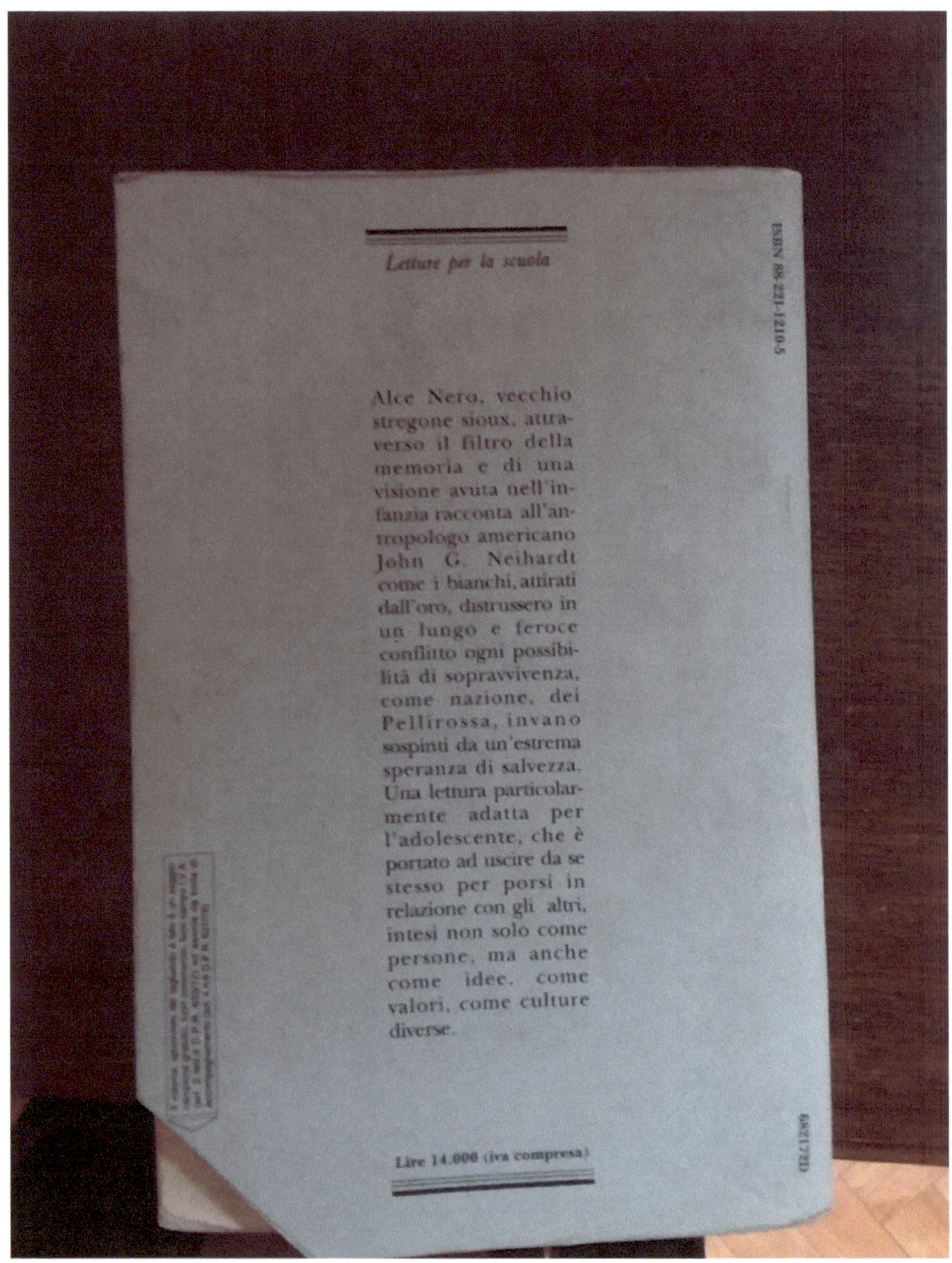
Letture per la scuola

ISBN 88-221-1210-5

Alce Nero, vecchio
stregone sioux, attra-
verso il filtro della
memoria e di una
visione avuta nell'in-
fanzia racconta all'an-
tropologo americano
John G. Neihardt
come i bianchi, attirati
dall'oro, distrussero in
un lungo e feroce
conflitto ogni possibi-
lità di sopravvivenza,
come nazione, dei
Pellirossa, invano
sospinti da un'estrema
speranza di salvezza.
Una lettura particolar-
mente adatta per
l'adolescente, che è
portato ad uscire da se
stesso per porsi in
relazione con gli altri,
intesi non solo come
persone, ma anche
come idee, come
valori, come culture
diverse.

Lire 14.000 (iva compresa)

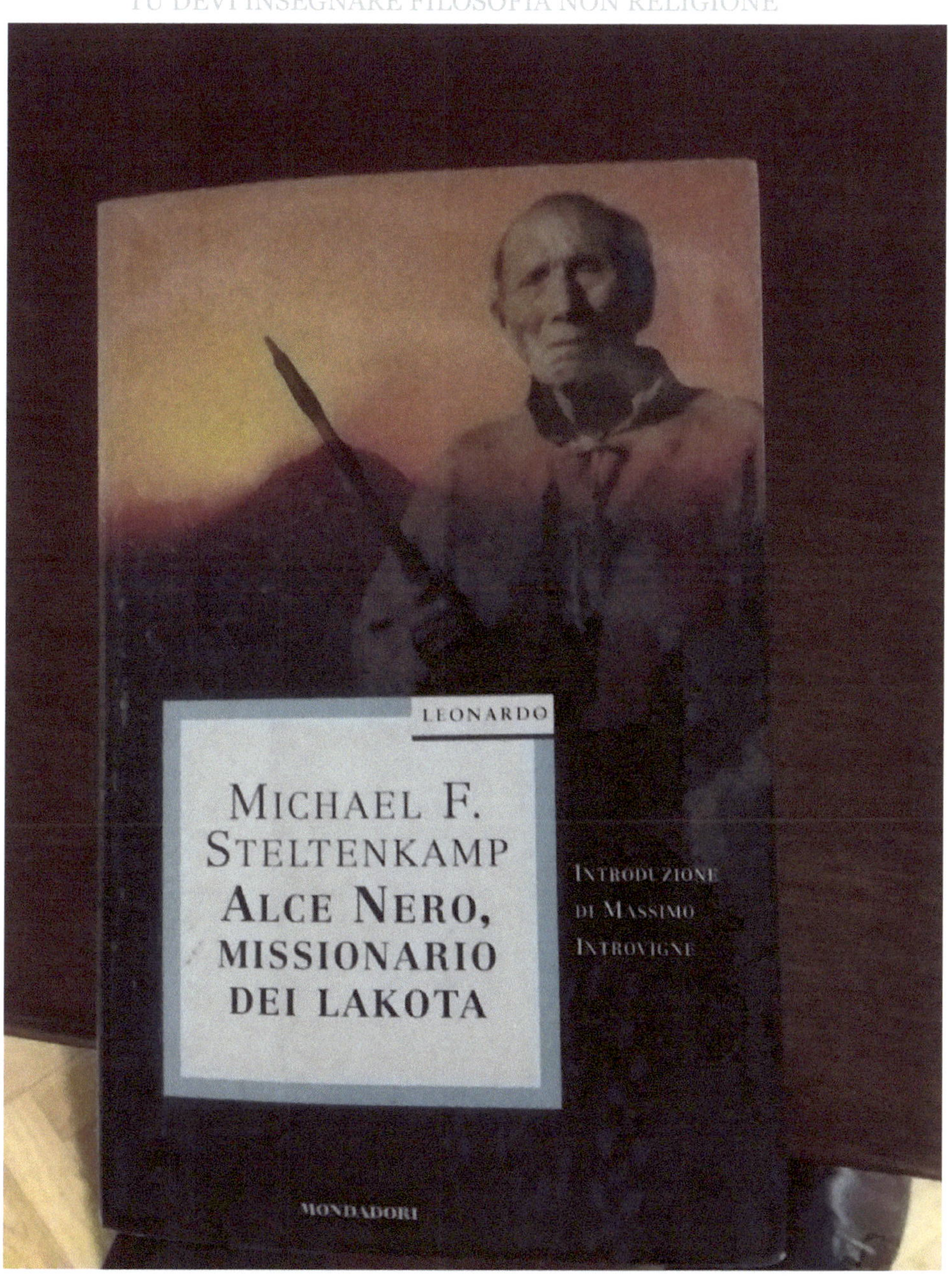

LEONARDO
MICHAEL F. STELTENKAMP
ALCE NERO, MISSIONARIO DEI LAKOTA
INTRODUZIONE DI MASSIMO INTROVIGNE
MONDADORI

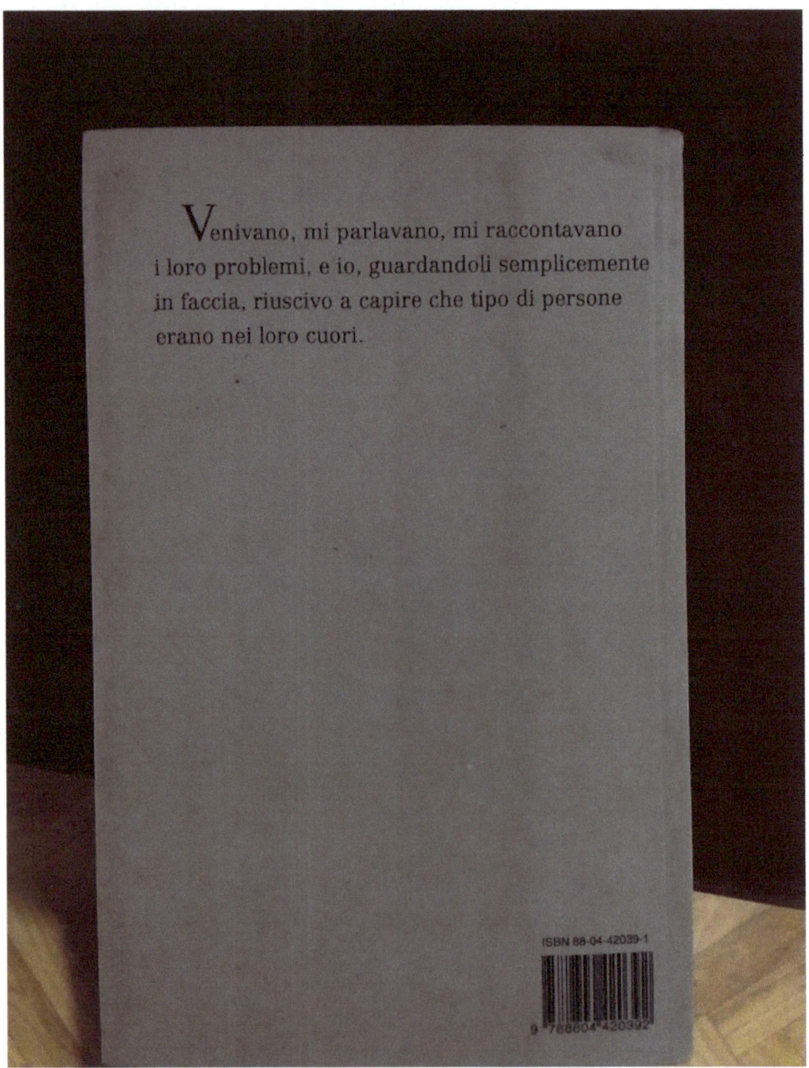
Venivano, mi parlavano, mi raccontavano
i loro problemi, e io, guardandoli semplicemente
in faccia, riuscivo a capire che tipo di persone
erano nei loro cuori.

ISBN 88-04-42039-1
9 788804 420392

Ecco, come vedete, conservo ancora in casa i libri di cui vi parlo. Soprattutto il secondo, quello di Michael F. Steltenkamp è una vera miniera d'oro, lavoro serio e faticoso, onesto, rispetto al quale il Neihardt appare un manipolatore o un ingenuo approfittatore, che specula sul personaggio, tradendone la testimonianza e il ricordo, cosa a mio avviso gravissima. Ovviamente non mi permetto di giudicare la persona, parlo qui solo del dato oggettivo, come risulta dai documenti che sono riportati analiticamente nel volume di Steltenkamp, con ampia bibliografia a supporto.

Ecco la vera storia di Black Elk

La ragione, che mi conduce a scrivere e a pubblicare questa mia testimonianza, è la passione per la verità e il rispetto che ho per Nicholas Black Elk.

Inizialmente pensai di rileggere di nuovo, con attenzione, il già letto e studiato libro di Steltenkamp. Ebbi però una sorpresa non positiva. Cercando in rete notizie sul tema in oggetto, mi resi conto di una stranezza: il libro di Steltenkamp risultava quasi introvabile, mentre in sempre varie e nuove edizioni compare il libro fasullo di Neihardt, che continua a tramandare il mito falso della indianistica e del relativismo culturale, tipico degli anni 60, poi confluito nella New Age contemporanea, che vuol presentare modelli inesistenti e fantasiosi, adattandosi al gusto esoterico new age, e creandolo al tempo stesso. Decisi allora di rispolverare la mia biblioteca, recuperando i libri in questione per raccontare e lasciare ai posteri poche notizie ma vere sul grande uomo, Alce Nero, testimone attendibile del suo stesso nobile popolo, a cui dedicò tutta la sua esistenza, sino al 1950, anno della sua morte. Si narra che segni insoliti e belli si mostrarono nel cielo, mentre la sua anima si separava dal suo corpo mortale. Un segno come di un 8 poggiato sul fianco, simbolo di infinito. Questo è riferito da testimoni del tempo (Steltenkamp, ed.cit., pgg.139-149; vi è inclusa la testimonianza della figlia di Alce Nero, Lucy)

Alce Nero, chi è

Siamo nel periodo convulso di fine Ottocento in quel paese, grande e ricco di prospettive, che è il Nord America. Le tribù indiane vedono cambiare gradualmente o improvvisamente il loro stile di vita, il loro ambiente naturale. Tale è la nostalgia per la perdita di un mondo naturale e armonioso, ancora viva ai nostri giorni, che vi è una corrente di studiosi, detta 'perennialista". Questi, tra cui l'autore di *La Sacra Pipa* nonché maestro di Steltenkamp, idealizzano la storia dei nativi americani come se la civiltà loro fosse superiore alla civiltà dell'uomo bianco, al portato della cultura detta occidentale. Appare loro inammissibile che un pellerossa possa assimilare in modo positivo, dinamico e vitale la nostra fede e la nostra cultura. Ciò impedì lo studio scientifico dell'intera vita di Alce Nero. Questi, infatti, attraverso il modello, creato ad arte da Neihardt in *Alce Nero parla,* divenne simbolo di un'idea di indiano, frutto di fantasia pur con un fondo di verità. Il modello era utile a coloro che, negli anni 60 e successivi del Novecento, fomentavano una rivoluzione politica e culturale antisistema, anticapitalistica, anticristiana. Ciò avvenne immaginando il duro lavoro dei missionari come servo del capitalismo, sistema di vita da introdurre subdolamente, sotto pretesto religioso, nel mondo dei nativi; ciò contro l'evidenza dei servigi e del grande rispetto che i missionari cattolici dimostrarono anno per anno, con durissimi sacrifici. I cosiddetti nativi americani furono confinati poi, dopo le ultime famose battaglie, culminate nei massacri descritti da Dee Brown in *Seppelite il mio cuore a Wounded Knee,* nelle riserve indiane, come quella di Pine Ridge, in cui visse Steltenkamp per portare a termine il suo arduo lavoro di ricerca, sulla scia e con l'incoraggiamento di Epes Brown, suo maestro, che aveva trascurato nel suo lavoro etnoantropologico il lunghissimo periodo di vita trascorso come catechista cattolico da Nicholas Black Elk, tra il 1904 e il 1950.

Seguiremo adesso le impronte lasciate da Steltenkamp, limitandoci a trattenere solo e soltanto le informazioni suffragate da adeguata documentazione. Infatti, le sue accurate ricerche e la mole di testimonianze e prove raccolte hanno messo un punto fermo, ad oggi necessaria premessa di ulteriori lavori.

Dalla battaglia di Little Big Horne (25 giugno 1876) all'apertura della causa di beatificazione di Alce Nera, il cui avvio è stato approvato il 15 novembre 2017

Nicholas Black Elk è una figura straordinaria. Vive la fine di un'epoca, non solo, vive l'epopea dei pellerossa nel più triste momento della loro storia. Ricordiamo che a Little Big Horne il generale Custer, con il Settimo Cavalleggeri, fu massacrato, per la sua temerarietà e avventatezza, in una storica battaglia, alla quale era presente anche il giovanissimo guerriero Alce Nero. Era il 1876, pochi anni dopo, nel dicembre 1890, ci fu il tremendo e inutile massacro di Wounded Knee. In quella tristissima giornata, senza una valida ragione, furono assassinati donne e bambini innocenti, corpi lasciati in posizioni scomposte, congelati per il grande freddo, alcuni mentre tentano una inutile fuga. Osservando la scena, che tutti noi ricordiamo, sembra di vedere i calchi dei corpi rimasti nelle più varie posizioni, che sono custoditi a Pompei, vittime della eruzione del Vesuvio di antica memoria. In effetti si trattò di un inutile bagno di sangue, compiuto contro indiani inermi, per un colpo di fucile partito accidentalmente, essendo gli indiani accerchiati dagli squadroni di cavalleria americani.

Per lo più vi erano donne e bambini, in viaggio verso la riserva di Pine Ridge, in seguito alla notizia dell'assassinio di Toro Seduto, cercando la protezione di Nuvola Rossa. Il timore di una rivolta e la tensione, unita alla incapacità dei soldati americani, causò il crimine inutile e tragico.

Ripresento un'immagine dell'epoca che è diffusa in rete liberamente, in ragione della antichità e storicità dell'immagine. Potete osservarla, a testimonianza e memoria di quanto tutti sappiamo, sperando ci serva da ricordo doloroso per non più commettere simili atrocità.

Massacro di Wounded Knee
1890

Massacro di Wounded Knee